0

zero

нуль
nul

dez

десять
desiat

20

vinte

двадцять
dvadtsiat

30

trinta

тридцять
trydtsiat

40

quarenta

сорок

sorok

50

cinquenta

п'ятдесят.

p'iatdesiat.

60

sessenta

шістдесят

shistdesiat

70

setenta

сімдесят

simdesiat

80

oitenta

вісімдесят

visimdesiat

90

noventa

дев'яносто

dev'ianosto

100

cem

сто

sto

1000

mil

одна тисяча

odna tysiacha

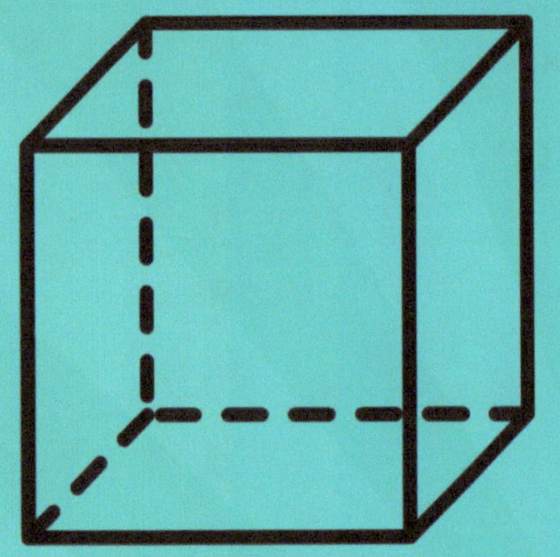

cubo

куб

kub

bloco

блок

blok

cubo de gelo

кубик льоду

kubyk lodu

caramelo

карамель

karamel

açúcar

цукор

tsukor

dados

гральні кості

hralni kosti

caixa de presente

подарункова коробка

podarunkova korobka

caixa de papelão

картонна коробка

kartonna korobka

esfera

сфера
sfera

colher de sorvete

ложка для морозива
lozhka dlia morozyva

pérola

перлина
perlyna

bolha

бульбашка
bulbashka

mármores

кульки
kulky

planeta

планета
planeta

bola de neve

сніжок
snizhok

bola de ténis

тенісний м'яч

tenisnyi m'iach

cilindro

циліндр
tsylindr

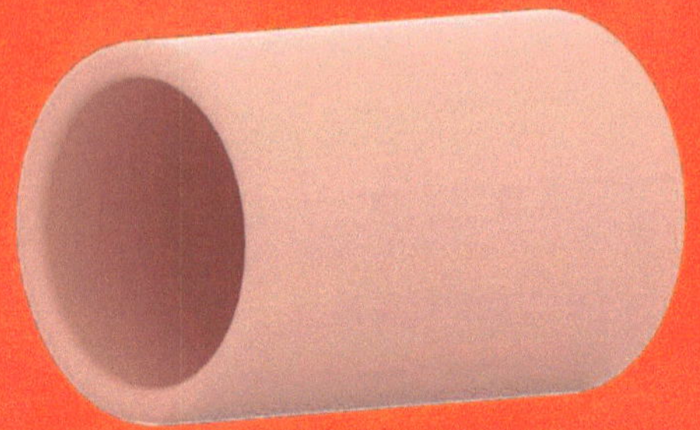

tubo

трубка
trubka

baterias

батарейки
batareiky

carretel de linha

котушка ниток
kotushka nytok

canela

кориця
korytsia

rolo da massa

качалка
kachalka

salsicha

ковбаса
kovbasa

fardo de feno

тюк сіна
tiuk sina

cone

конус

konus

cone de trânsito

дорожній конус

dorozhnii konus

cone de gelado

ріжок морозива

rizhok morozyva

chapéu de bruxa

капелюх відьми

kapeliukh vidmy

calabouço

підземелля

pidzemellia

abeto

ялинка

ialynka

chapéu de festa

капелюх для вечірки

kapeliukh dlia vechirky

caracol

равлик

ravlyk

amora

ожина
ozhyna

groselha

смородина
smorodyna

clementina

клементин
klementyn

durião

дуріан
durian

pitaia

пітая
pitaia

jaca

джекфрут
dzhekfrut

carambola

карамболь
karambol

espargos

спаржа

sparzha

rabanete

редиска

redyska

feijão-vermelho

червона квасоля

chervona kvasolia

nabo

ріпа

ripa

mandioca

маніок

maniok

inhame

Коренеплоди батату

Koreneplody batatu

grão-de-bico

нут

nut

águia

орел
orel

morcego

летюча миша
letiucha mysha

castor

бобер
bober

flamingo

фламінго
flaminho

corvo

ворон
voron

melro

дрізд
drizd

chapim-azul

синиця блакитна
synytsia blakytna

pega

сорока
soroka

andorinha

ластівка
lastivka

cotovia

жайворонок
zhaivoronok

periquito

папуга
papuha

pica-pau

дятел
diatel

pavão

павич
pavych

papagaio

папуга
papuha

tucano

тукан
tukan

cegonha

лелека
leleka

coral

корал

koral

anémona-do-mar

морська анемона

morska anemona

ouriço-do-mar

морський їжак

morskyi izhak

cavalo-marinho

морський коник

morskyi konyk

peixe-palhaço

риба-клоун
ryba-kloun

peixinho dourado

золота рибка
zolota rybka

caranguejo

краб
krab

caranguejo eremita

рак-самітник
rak-samitnyk

golfinho

дельфін
delfin

narval

нарвал
narval

polvo

восьминіг
vosmynih

lula

кальмар
kalmar

tubarão-baleia

китова акула

kytova akula

orca

косатка

kosatka

baleia azul

синій кит

synii kyt

baleia-beluga

білуха

bilukha

tubarão-martelo

акула-молот

akula-molot

tubarão-branco

біла акула

bila akula

tubarão-limão

лимонна акула

lymonna akula

tubarão-tigre

тигрова акула

tyhrova akula

gafanhoto

коник
kónyk

lagarta

гусениця
husenytsia

escorpião

скорпіон
skorpion

lagarto

ящірка
iashchirka

dinossauros

динозаври

dynozavry

cabelo preto

чорне волосся

chorne volossia

cabelo ruivo

руде волосся

rude volossia

cabelo castanho

каштанове волосся

kashtanove volossia

cabelo louro

світле волосся

svitle volossia

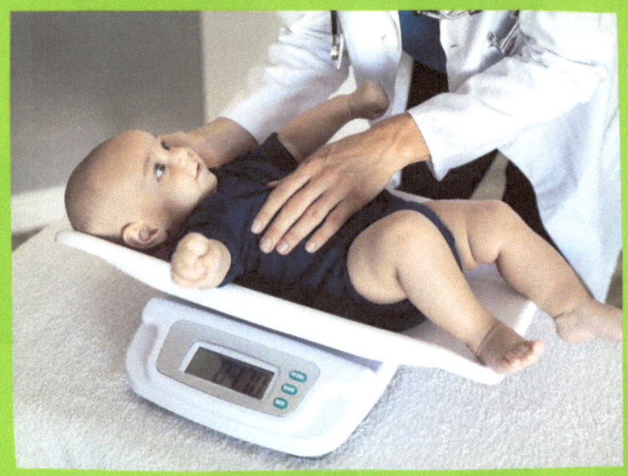

balança

ваги
vahy

hospital

лікарня
likarnia

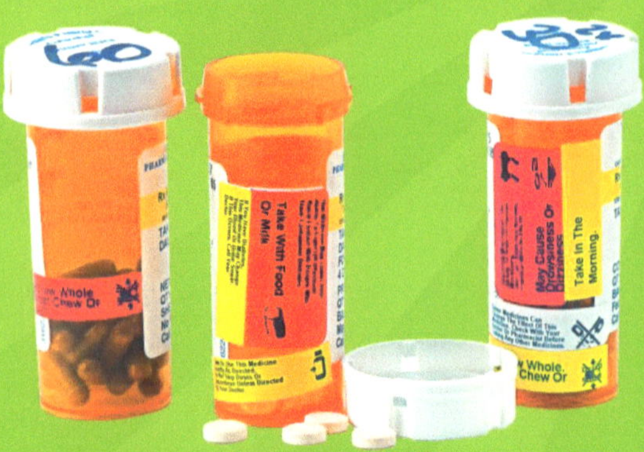

medicina

ліки
liky

termómetro

термометр
termometr

ligadura

пластир
plastyr

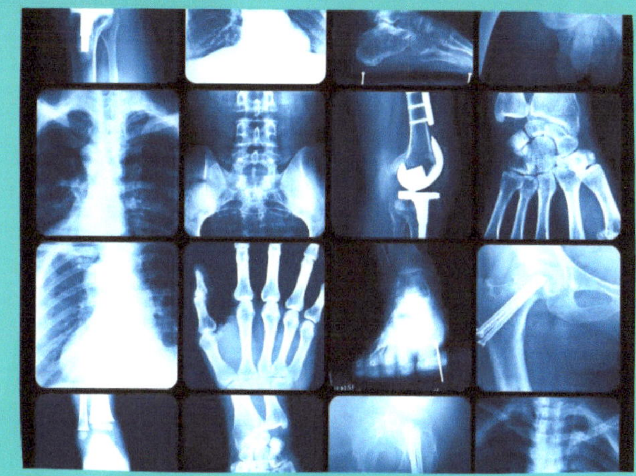

raio-x

рентген
renthen

médico

лікар
likar

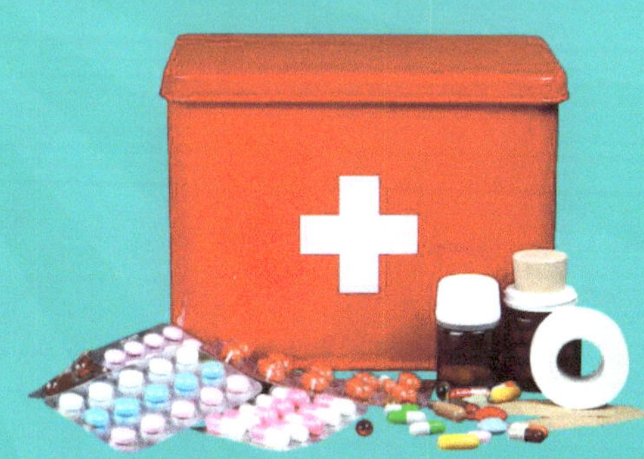

kit de primeiros socorros

аптечка першої допомоги
aptechka pershoi dopomohy

jogar

грати
hraty

desenhar

малювати
maliuvaty

contar

рахувати
rakhuvaty

escrever

писати
pysaty

dança

танці

tantsi

natação

плавання

plavannia

esquiar

лижний спорт

lyzhnyi sport

basquetebol

баскетбол

basketbol

ténis

теніс
tenis

pingue-pongue

настільний теніс
nastilnyi tenis

futebol

футбол
futbol

passeios a cavalo

верхова їзда
verkhova izda

hóquei no gelo

хокей
khokei

judo

дзюдо
dziudo

boxe

бокс
boks

corrida

біг
bih

basebol

бейсбол
beisbol

críquete

крикет
kryket

rúgbi

регбі
rehbi

voleibol

волейбол
voleibol

maracas

маракаси
marakasy

pandeireta

тамбурин
tamburyn

xilofone

ксилофон
ksylofon

violino

скрипка
skrypka

piano

фортепіано
fortepiano

guitarra

гітара
hitara

violoncelo

віолончель
violonchel

harpa

арфа
arfa

tambor

барабан
baraban

djembe

джембе
dzhembe

bateria

ударна установка
udarna ustanovka

trompete

труба
truba

trompa

ріг
rih

saxofone

саксофон
saksofon

flauta

флейта
fleita

auscultadores

навушники
navushnyky

cantar

співати
spivaty

partitura

ноти
noty

microfone

мікрофон
mikrofon

www.ingramcontent.com/pod-product-compliance
Lightning Source LLC
LaVergne TN
LVHW071211160826
845679LV00003B/797

* 9 7 9 1 0 4 1 7 0 8 5 4 3 *